Le match de foot
de Sami et Julie

Loïc Audrain
Sandra Lebrun

hachette
ÉDUCATION

Conception de la couverture : Mélissa Chalot
Réalisation de la couverture : Sylvie Fécamp
Maquette intérieure : Mélissa Chalot
Mise en pages : Typo-Virgule
Illustrations : Thérèse Bonté
Édition : Emmanuelle Saint

ISBN : 978-2-01-701535-2
© Hachette Livre 2018.

Achevé d'imprimer en Espagne par Unigraf
Dépôt légal : Mai 2019 - Édition 05 - 36/0996/3

Les personnages de l'histoire

Aujourd'hui, Sami et Julie vont jouer le dernier match de foot de la saison.

– Tu crois qu'on va gagner ? demande Sami, inquiet.

– On n'est pas obligés de gagner, corrige Julie. Il nous suffit d'un match nul pour être vainqueurs.

– Moi, j'ai peur de perdre ! lance Sami. Tu imagines le cauchemar ?

Papa sent que la pression monte :

– Allez, les enfants, après tout, ce n'est qu'un jeu..., dit-il pour les rassurer.

Dans les vestiaires, les joueuses et les joueurs sont concentrés. Sami enfile son maillot, lace ses chaussures et murmure :

– D'abord la jambe gauche, toujours la gauche...

L'entraîneur, lui, a le sourire :
– Vous connaissez votre mission :
un match nul pour terminer
premiers !

Les supporters sont venus nombreux pour acclamer leurs petits champions.

Sami est impressionné par la foule.

Il scrute les gradins et cherche ses parents :

– Vous avez vu, tous les parents sont là...

Les parents applaudissent et se mettent à hurler pour encourager les enfants.

Trouvés ! Sami fait coucou à Papa et Maman, mais il a une petite boule au ventre.

Bras croisés et regard noir, Julie est en ébullition.

– Que se passe-t-il ? s'inquiète Maman.

– Je suis remplaçante ! proteste Julie, vexée. Remplaçante pour le dernier match !

Trriiit ! La partie commence.
C'est alors que Tobi s'élance
sur le terrain et court vers le
ballon. Papa se précipite derrière
lui à grandes enjambées.

Tobi traverse le terrain et fonce ventre à terre sur le ballon. À sa suite, Papa entame alors un sprint mémorable.

Tout le stade est en émoi, les joueurs s'immobilisent.

Tandis que Tobi lance le ballon d'un coup de museau, Papa se jette sur le chien et l'aplatit au sol.

Une clameur d'excitation accompagne la trajectoire du ballon, qui atterrit... dans la cage du but adverse !

Toute l'équipe de Sami et Julie hurle « Buuuut ! » Ce n'est plus un match de football, c'est une joyeuse pagaille !

L'arbitre siffle et lève un carton rouge à l'adresse de... Tobi !

Le stade entier éclate de rire. Sami félicite son chien et lui glisse à l'oreille : « Merci, Tobi, ma boule au ventre est partie ! »

Le match est reparti ! La rencontre est stressante, les deux équipes sont du même niveau et les occasions de marquer sont rares. Soudain, un joueur adverse bouscule Sami... Vlan ! Il se retrouve le nez dans l'herbe.

– Il y a faute, monsieur l'arbitre ! crie Julie. Mais l'arbitre n'a rien vu. La mi-temps approche ; un adversaire décide d'accélérer le jeu : il récupère le ballon, se faufile, feinte, frappe et... but !
Trriiit ! Mi-temps.

L'équipe est partagée entre colère et découragement.

– Cet arbitre est injuste, grogne Tom.

– Du calme ! coupe l'entraîneur. L'arbitre n'a pas vu la faute sur Sami, mais vous n'êtes pas parfaits non plus !

– C'est vrai, ajoute Léo. On n'a pas été très bons.

– On ne se décourage pas et on reste dans le match, poursuit Sami motivé. Allez, il nous faut ce but !

L'entraîneur se tourne enfin vers Julie :

– Vas-y, championne, on compte sur toi !

« Je vais leur montrer que je suis Super-Julie », se dit-elle.

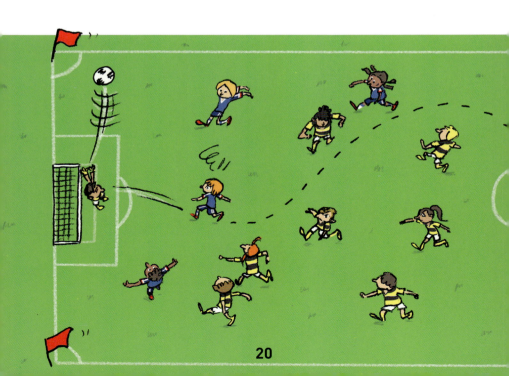

Julie court vite, intercepte le ballon et multiplie les tentatives de marquer. Mais la chance n'est pas de son côté : le ballon est contré, ensuite l'arbitre siffle un hors-jeu, et, cette fois, le gardien dévie le ballon...

... en corner !

« C'est notre dernière chance, se dit Sami. Il suffit d'un but, un tout petit but. »

Il rejoint l'angle du terrain et tire. Le ballon s'élève puis retombe dans la surface. Les joueurs se précipitent, les uns pour marquer, les autres pour défendre. C'est un champ de bataille !

Trriiit !

« Le match est fini », pense Sami, déçu, en entendant le sifflet.

Mais, non, le match n'est pas fini :
il y a penalty !

Dans l'équipe de Sami et Julie,
tout le monde hésite…

– Qui va tirer ? demande
le capitaine.

Toutes les têtes se tournent
vers Julie.

– J'y vais, dit courageusement
Julie.

Seule face au gardien, Julie ne fait
pas la fière. Elle recule, s'élance
et tire. Le ballon tape le poteau
et…

… rentre dans la cage ! Buuuut !
Un partout !... Mais c'est suffisant
pour que Sami et Julie soient
premiers du championnat. Julie
saute de joie, crie et court vers
son entraîneur.
Tous ses équipiers accourent, eux
aussi.

Au même instant, l'arbitre siffle :
« Trriiit ! Trriiit ! Trriiit ! » Et, cette
fois, c'est bien la fin du match !

Papa et Maman entrent sur la pelouse pour féliciter les glorieux sportifs :

– Bravo, mes chéris !

– On est les champions, on est les champions ! entonnent les coéquipiers en portant Julie en triomphe...

Tobi aussi est content : il peut enfin jouer au ballon !

As-tu bien compris l'histoire ?

1 Comment se sent Sami à l'approche du match ?

2 Pourquoi le papa de Sami court-il après Tobi ?

3 Quelle équipe marque le premier but du match ?

4 Pourquoi l'équipe de Sami et Julie est-elle en colère à la mi-temps ?

5 Qui marque le but de la victoire ?

As-tu lu tous les Sami et Julie ?

Niveau 1
Début de CP

 Tobi est malade
 Le tipi de Sami
 Miam Miam !
 Super Sami !
 Le CP de Sami
 Vive Noël !
 La nuit

 La dispute
 La liste de Sami
 Bonne fête Papa !
 Sami s'est perdu
 La malle de Papi
 Sami à Paris
 Sami est malade

Niveau 2
Milieu de CP

 Sami sous la pluie
 Sami a des poux
 L'amoureux de Julie
 Sami et Julie attendent Noël
 L'anniversaire de Julie
 Il neige !
 Sami à la ferme

 Sami et Julie cherchent les œufs
 Sami et Julie en classe de découverte
 La galette des rois
 Le zoo
 La fête des mères
 Le carnaval de Sami et Julie
 Sami fait de la magie

Niveau 3
Fin de CP

 Le château
 La dent de Julie
 Les groseilles
 Plouf !
 Le spectacle de Sami et Julie
 Le mariage

 Fous de Foot !
 Sami et Julie champions de ski
 Sami et les pompiers

Niveau CE1

 Sami rentre au CE1
 Sami et Julie fêtent Halloween
 Le réveillon de Sami et Julie
 Sami et Julie font des crêpes
 Le match de foot de Sami et Julie
 Vive les vacances !
 La nouvelle élève

 Tom va avoir une petite sœur
 Sami et Julie à Londres
 Julie veut devenir vétérinaire
 Le défi nature de Sami et Julie

 hachette ÉDUCATION

Et toi, qu'en penses-tu ?

Fais-tu partie d'une équipe de football ?

As-tu déjà gagné une coupe ou une médaille ?

Es-tu déjà allé(e) dans un stade voir un match de football ?

As-tu une équipe ou un joueur de football préférés ?

As-tu déjà eu le trac ?